AF309222

CATALOGUE

DE LA RARE ET PRÉCIEUSE COLLECTION

DE

TABLEAUX

ITALIENS, FLAMANDS, ALLEMANDS ET FRANÇAIS,

DES XIIIe, XIVe, XVe ET XVIe SIÈCLES,

Manuscrits, Miniatures, Emaux, Bijoux anciens, Livres d'Art,

PROVENANT DU CABINET

DE FEU M. QUEDEVILLE,

DONT LA VENTE AURA LIEU

Les Lundi 29, Mardi 30 et Mercredi 31 Mars 1852,

HEURE DE MIDI,

HOTEL DES COMMISSAIRES-PRISEURS, PLACE DE LA BOURSE, 2,

GRANDE SALLE, N° 1.

Par le ministère de Me MALARD, Commissaire-Priseur,
Rue Fontaine-Molière, 41 ;
Assisté de M. FRANÇOIS, Peintre-Expert,
Rue Taitbout, 25.

EXPOSITION PUBLIQUE

Les Samedi 27 et Dimanche 28 Mars, de midi à 4 heures.

1852.

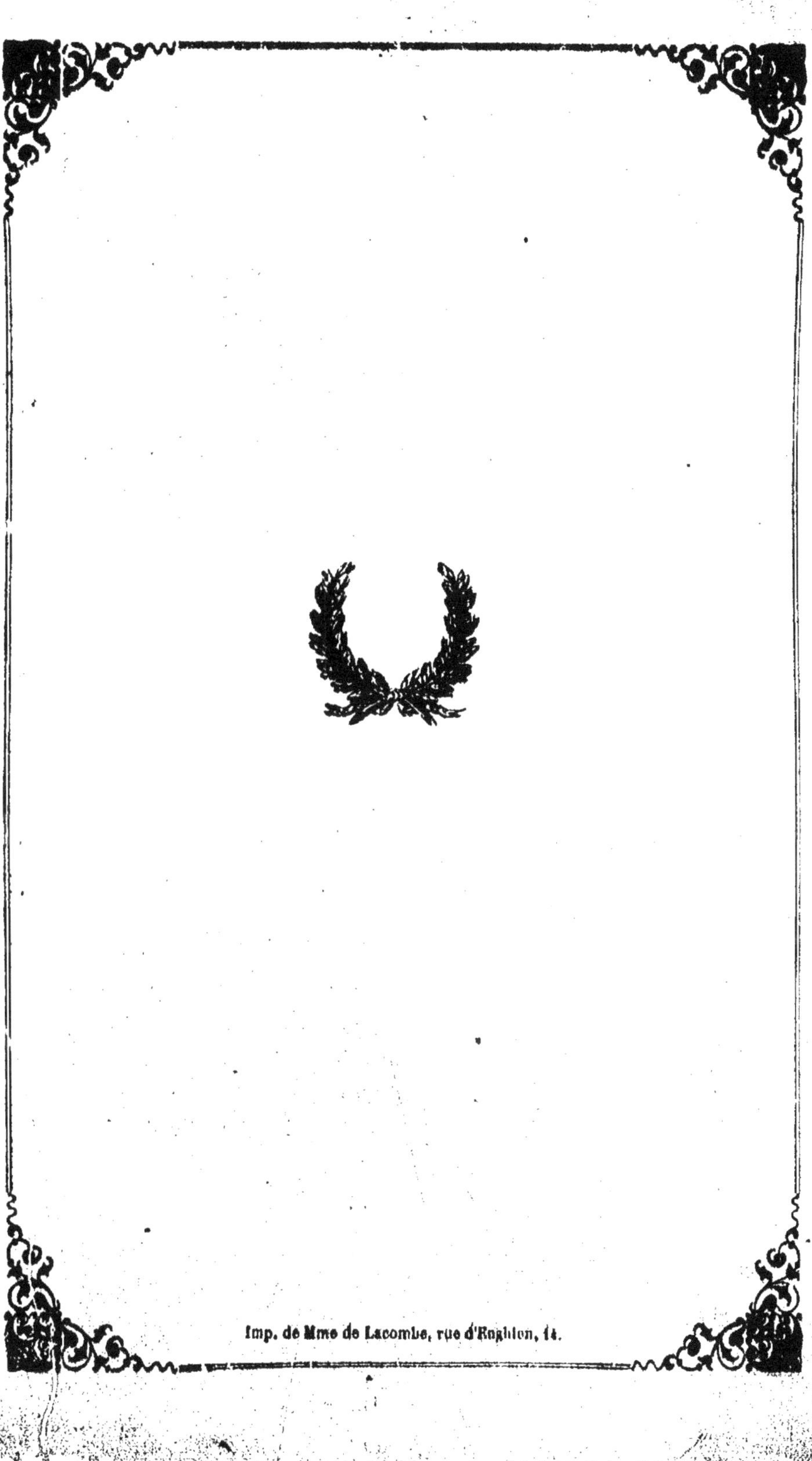

Imp. de Mme de Lacombe, rue d'Enghien, 14.

CATALOGUE

DE LA RARE ET PRÉCIEUSE COLLECTION

DE

TABLEAUX

ITALIENS, FLAMANDS, ALLEMANDS ET FRANÇAIS,

DES XIIIe, XIVe, XVe ET XVIe SIÈCLES,

Manuscrits, Miniatures, Emaux, Bijoux anciens, Livres d'Art,

PROVENANT DU CABINET

DE FEU M. QUEDEVILLE,

DONT LA VENTE AURA LIEU

Les Lundi 29, Mardi 30 et Mercredi 31 Mars 1852,

HEURE DE MIDI,

HOTEL DES COMMISSAIRES-PRISEURS, PLACE DE LA BOURSE, 2,

GRANDE SALLE, N° 1,

Par le ministère de Me **MALARD**, Commissaire-Priseur,
Rue Fontaine-Molière, 41 ;

Assisté de **M. FRANÇOIS**, Peintre-Expert,
Rue Taitbout, 25.

EXPOSITION PUBLIQUE

Les Samedi 27 et Dimanche 28 Mars, de midi à 4 heures.

1852.

LE CATALOGUE SE TROUVE :

A PARIS : Chez MM. MALARD , Commissaire-Priseur,
     — rue Fontaine-Molière, 41.
     FRANÇOIS, rue Taitbout, 23.

Angleterre.

A LONDRES : — M. CHRISTIE , King street, Saint-
       James Square.

     — M. SMITH fils, New- Bond street.

Belgique.

A BRUXELLES : — M. ÉTIENNE LEROY.
      — M. HERIS.

Hollande.

A AMSTERDAM : — M. DELÉLIE DE GREUTER.

Allemagne.

A VIENNE: — M. ARTARIA et CIE.
A BERLIN : — M. REIMER.

Suisse.

A BERNE : — M. LAMI fils.

Et chez MM. les DIRECTEURS DES MUSÉES DE FRANCE.

Imp. de Mme DE LACOMBE, rue d'Enghien, 14.

AVANT-PROPOS.

La rare et précieuse collection de Tableaux des XIIIe,
XIVe, XVe et XVIe siècles, Miniatures, Manuscrits et Émaux,
décrits au présent Catalogue, a été formée, il y a plus de
vingt-cinq ans, par feu M. Quedeville, amateur zélé des
beaux-arts, qui ne croyait pas mieux employer ses moments
de loisir qu'en les consacrant à la recherche d'œuvres de
mérite et dignes de la réputation des premiers peintres
de toutes les écoles.

Ce Cabinet étant connu en France et à l'étranger, nous
nous dispenserons d'en faire l'éloge, et nous nous conten-
terons de donner quelques descriptions sur les principaux
chefs-d'œuvre qui en font partie, laissant à MM. les
Amateurs le soin de les juger pendant les deux jours d'ex-
position.

Nous citerons parmi cette collection les noms des princi-
paux maîtres, tels que Albert Durer, Clouet, Van Eyck,
Hemmeling, Holbein, Kuntz, Enghelbrechon, Cranack,
Vander Goës, Pinturrichio, Claude Lorrain, Rembrandt,
Raphaël, Vandick, etc.

ORDRE DES VACATIONS.

Le Lundi 8 : les Tableaux.

Le Mardi 9 : Continuation.

Le Mercredi 10 : Les Bijoux, Miniatures et Objets de Curiosités.

DES TABLEAUX.

ACKERMAN.

1   Tête de Vieillard dans la manière de Denner.

ASPER (Frédérick).

2   Portrait de Femme vêtue d'une robe pourpre; une
     collerette lui encadre la figure; elle porte une chaîne
     au cou.

ASSEN (Van).

3   Triptique représentant plusieurs Saints appuyés sur   *160*
     un balustre; devant on voit la Vierge et l'Enfant ac-
     compagnés de sainte Anne; sur les volets le portrait
     des Donataires avec leurs enfants.

BERNHARD.

4   Bethsabée au bain, est assise. Vêtue d'un riche cos-   *110*
     tume pourpre brodé d'or, elle a un pied hors de l'eau,
     qu'une suivante lui essuie. Derrière elle, sont plusieurs
     Femmes richement costumées; une d'entre elles lui

montre le roi David au balcon du château, qui se
trouve au bout du jardin. On voit aussi deux autres
Baigneuses qui sont près d'une fontaine.

BLÉS (HENRY DE), surnommé HENRY A LA HOUPE.

5   Paysage marine. Sur le premier plan, Jésus prêche
au bord du lac de Genesareth ; on voit aussi son bap-
tême par saint Jean. Des coquillages couvrent la grève.
Plus loin, un homme grimpé au sommet d'un roc, pê-
che à la ligne. Dans le fond, on aperçoit des bâtiments
qui naviguent, et des détails à l'infini. La Chouette,
marque de l'artiste, se tient debout sur un tertre.

BOL (FERDINAND).

6   Portrait de l'emme ; elle porte une chaîne d'or au
cou.

BOS (JEROME).

7   Composition bizarre représentant la Tentation de
saint Antoine. Le Saint est agenouillé devant un livre
ouvert. De toutes parts on voit des figures sous des
formes grotesques, et des instruments de musique.
Dans le fond, une Ville en feu.

DU MÊME,

8   Tentation de saint Antoine sous une autre forme.

BREUGHELS.

9   Perroquets de différentes espèces perchés sur un ar-
bre, et d'autres Oiseaux dans des marécages.

DU MÊME.

10   Fruits et Insectes (Étude).

BREUGHELS (DE VELOURS).

11   Danse dans une Prairie, aux abords d'un village.
Tableau de belle qualité de ce maître.

BURGMAER (HANS).

12   La Vierge et l'Enfant; sont les seules grandes fi-
gures de ce tableau, plein de détails très habilement
rendus. Dans le fond on aperçoit une colonne très peu
indiquée.

DU MÊME.

13   Diptique. Des Evêques sont sur le premier plan.
Dans le fond, on voit le Martyre de saint Sébastien;
l'autre volet représente le portrait des Donataires.

CALCAR (VAN).

14   Sainte Anne, assise sur un trône doré, est coiffée d'un
voile blanc; elle porte une robe verte, un pardessus
pourpre et un livre sur les genoux. La Vierge est de-
vant elle; une auréole d'or lui entoure la tête. Son divin
Fils est sur ses genoux; une Sainte de chaque côté
montre à lire à saint Joseph, Simon, Jacob, Jean et
Jude. Sur le second plan, des Evêques et des Ecclésias-
tiques.

CARPACCIO (VICTOR).

15   Massacre sur une place de Rome, à l'époque du
Triumvirat.

CLOUET (dit JANET).

16   Portrait de Charles IX, vu à mi-corps, vêtu d'un juste-
au-corps.

DU MÊME.

17   Portrait du chancelier Michel de L'Hôpital.
Ces deux Portraits sont dans leurs cadres primitifs et
de la plus belle conservation.

DU MÊME.

18   Portrait d'Homme, vêtu d'un juste-au-corps, avec chaîne pardessus

DU MÊME.

19   Portrait de Femme richement costumée.   .

149

DU MÊME.

20   Portrait d'une Dame vêtue d'une robe brodée d'or, et coiffée d'un réseau en perles.

DU MÊME.

21   Portrait d'Henriette de Balsac, marquise de Verneuil; elle porte une collerette et un collier de perles sur un vêtement noir.

135

DU MÊME.

22   Portrait d'une Dame. Collerette blanche montante, vêtement noir, collier et ceinture garnis de perles et rubis.

D'ANDRIA (Tuzio).

23   La Vierge, agenouillée devant l'Enfant Jésus, est accompagnée de plusieurs Anges qui prient avec elle ; derrière, on aperçoit saint Joseph ; au-dessus, un concert d'Anges (Auréoles d'or).

140

DE KRANACK (Lucas Sunder).

24   Le Jugement de Pâris. Nous citerons, dans ce Tableau, une des anomalies des peintres de cette époque, Pâris, sous les traits d'un Guerrier, est endormi ; près de lui se trouve Mercure, également sous les traits de son écuyer, cherchant à le réveiller avec son caducée qu'il tient d'une main, de l'autre il tient la pomme qui doit fixer le choix de son maître ; à la droite du spectateur, on voit Junon, Minerve et Vénus, elles portent

chacune une chaîne d'or et de pierreries au cou ; dans
le fond on voit un Cheval blanc.

DU MÊME.

25   Des Femmes et des Enfants effrayés en présence
d'un Massacre.

WALCH.

20   Portrait de Femme, les mains appuyées sur l'épigas-
tre ; elle porte un vêtement gris, une ceinture en or ;
une grande coiffure blanche lui couvre la tête.

DURER (ALBERT).

27   Repos de la sainte Famille. La Vierge assise au som-
met d'un tertre, tient son divin Fils debout sur ses ge-
noux ; il a une pomme dans la main droite et dans la
gauche un chapelet ; un Ange lui apporte des fruits ;
plus loin, saint Joseph ramasse des noix qu'un autre
Ange lui jette d'un arbre. Près de lui l'âne broute
tranquillement ; dans le fond coule une rivière sur le
bord de laquelle est un moulin. Un groupe de soldats
font mouvoir leurs lances et leurs drapeaux, et vien-
nent pour saisir Jésus. La partie la plus frappante de ce
tableau est une colonne qui s'élève majestueusement
dans les airs ; une bataille en sculpture orne la base ;
l'idole que portait cette colonne vient de tomber ; un
filet d'eau s'en échappe et vient arroser des joncs d'une
pousse vigoureuse. On aperçoit également des châ-
teaux, des maisons, des cabanes et quelques figures
d'un très beau fini.

Le travail de ce tableau en est admirable et annonce
que ce grand maître l'a exécuté après avoir vu l'Italie
et les Flandres.

DU MÊME.

28 Deux petits Tableaux. L'un représente la Flagella-
tion, l'autre le Sauveur sur le chemin de la Croix. On
remarque dans ces peintures les qualités et les défauts
de ce grand maître. Ils sont de sa première manière et
agathisés comme les œuvres des quinzième et seizième
siècles. La couleur a un éclat peu ordinaire.

DU MÊME.

29 Le Christ en croix entre les deux Larrons. La croix
est entourée de soldats à cheval et à pied, parmi les-
quels un d'eux lève son glaive pour frapper un homme
du peuple. Près de lui un autre reçoit de l'argent. A
droite, la Vierge tombe évanouie dans les bras des sain-
tes Femmes qui l'entourent.

DU MÊME.

30 La Nativité. La Vierge est agenouillée devant son
divin Fils; un Ange est près de lui. D'un côté, on voit
un Berger qui s'approche, il a une musette dans les
bras; de l'autre, d'autres Personnages se découvrent
en arrivant. (Effet de lumière.)

DU MÊME.

31 Le Christ est tombé entre les bras de la Vierge. Plu-
sieurs Figures se détachent sur un fond d'or. On voit
aussi les instruments de la Passion.

DU MÊME.

32 Saint Hubert agenouillé au milieu d'une forêt, con-
temple le Christ entre les bois du cerf qui reste immo-
bile devant lui. Son cheval est attaché à un arbre. A
droite, un seigneur, qui l'accompagnait, tient un fau-

con sur son doigt; un autre, qui est à pied, le lui fait remarquer.

DU MÊME.

33 La Vierge tient l'Enfant Jésus sur ses genoux, à qui elle donne le sein ; deux Anges tiennent une draperie ; derrière elle et à chaque côté, on voit les deux Tombeaux qui sont peints en grisaille.

ATTRIBUÉ AU MÊME.

34 Le Chemin de la Croix. Riche composition. La gravure est jointe au tableau.

DU MÊME.

35 Bergers faisant danser des Animaux. Monogramme.

DU MÊME.

36 Jésus couronné d'épines est présenté au Peuple.

DU MÊME.

37 Quatre petits Tableaux dans un même cadre, représentant différents épisodes de la vie du Christ. Ces tableaux sont très fins.

ENGHELBRECHEN (CORNILLE).

38 Triptique. La Vierge assise sur un trône placé dans une Chapelle gothique, qui se détache sur un Paysage, tient sur ses genoux son divin Fils ; elle porte un vêtement couleur rose et une couronne sur la tête ; à chaque côté, un Ange vient adorer le Sauveur. Un des volets représente une dame richement vêtue, agenouillée devant un Prie-Dieu ; l'autre, un personnage vêtu d'un manteau pourpre, surpris de l'apparition de

la Vierge. Sur les volets extérieurs, deux Guerriers cuirassés, peints en grisaille.

EYCK (JEAN).

39   La Présentation au Temple. Des Colonnes de porphire soutiennent l'édifice. Chacune d'elles représente la vie d'Adam et d'Eve. Deux Soldats gardent le monument qui est éclairé par des vitraux où l'artiste a fait figurer l'histoire de Noë. Saint Siméon, le grand-prêtre, vêtu d'une riche dalmatique grise, porte sur ses mains une fine étoffe d'or et s'avance vers la Vierge-Mère, lui présente son Fils. Derrière, on voit une autre Femme, et saint Joseph portant une colombe ; sainte Anne tient dans sa main droite un cierge et pose l'autre sur son cœur ; elle a pour coiffure un riche turban. Près d'elle se trouve une femme qui paraît être la Donatrice.

DU MÊME.

40   Un Calvaire. Le Christ en croix entre les deux Larrons, à la droite du tableau, la Vierge est soutenue par les saintes Femmes. Un grand nombre de Personnages entourent la croix. On remarque un des bourreaux qui porte une échelle.

DU MÊME.

41   Le Mystère de l'Immaculée Conception ; Marie debout pose les mains sur son épigastre ; Joseph, auquel l'Envoyé Céleste vient d'annoncer que sa femme accoucherait miraculeusement du Fils de Dieu, est à genoux devant elle et prie avec ferveur. Deux Anges voltigent

 autour de la Vierge, derrière laquelle se déploie un riche brocart.

DU MÊME.

42   Deux petits Tableaux qui ornaient une boîte aux Hosties. Ils représentent des Paysages dont les figures sont à mi-corps. (Peinture à l'huile.)

DU MÊME.

43   La Madeleine aux pieds du Christ. Le Sauveur est à table avec trois de ses Disciples, et derrière lui se trouve suspendu un brocart d'or. Ce tableau a été fait avant la découverte de la peinture à l'huile.   *90*

DU MÊME.

44   Le Christ debout près de la Madeleine, qui est agenouillée; plusieurs Figures sont sur le second plan. Ce Tableau fait pendant au précédent.   *49*

DU MÊME.

45   La Nativité. La Vierge adore son divin Fils ; saint Joseph et deux saintes Femmes forment le groupe principal. Dans le ciel paraît un Ange vêtu d'une pourpre éclatante, qui vient annoncer aux Pasteurs la naissance du Sauveur. Le bâtiment est soutenu par des piliers de différents bois ; des Anges célèbrent les louanges du Seigneur, et des Oiseaux les accompagnent.

DU MÊME.

46   Portrait à mi-corps, derrière lequel se déroule un brillant tissu d'or et de soie ; le personnage est vêtu d'une robe violette, et tient un œillet à la main droite,   *200*

et de l'autre un rouleau de papier. Près de lui, on voit
une écritoire, un serre-plume et un citron.

FLINCK (Govartt).

47 Un Philosophe taillant une plume; il a un registre
ouvert devant lui.

GELÉE (Claude dit le Lorrain).

48 Habile à rendre les effets de la vapeur et connaissant
le secret de bien dégrader les plans, afin d'offrir à la
vue dans un : immense étendue de pays, cette diversité
d'objets, qui est si propre à l'intéresser. C'est une
perspective de ce genre qu'il a représentée dans la partie
droite du Tableau qui fait le sujet de cette note; elle est
pour les spectateurs un théâtre vaste et varié; ils ai-
ment à suivre ce fleuve dont les eaux reflétant la vive
couleur du ciel, vont se perdre entre des montagnes
lointaines. Dans la partie gauche, des arbres s'élèvent
et se détachent sur un ciel lumineux; quelques chèvres
sont sur le premier plan; on y voit également un Vais-
seau qui sert de repoussoir.

ROGER (Surnommé de Bruges).

49 Un Roi assis, sur son trône et coiffé d'un turban,
semble interroger une jeune Fille qui est à ses pieds;
il a près de lui son Fou; sur le premier plan, on voit
l'accusateur public qui a un rouleau de papier à la
main, plusieurs autres personnages assistent à cette
séance. Tableau peint dans le genre de Van Eych,
dont il était l'élève.

RICO (André).

50   La Vierge et deux Saints.

DU MÊME.

51   La Vierge sur un trône, entourée de différents per-
sonnages. Tableau très fin.

BIZZAMANO.

52   Triptique. Le milieu représente la Vierge et l'Enfant,
d'un côté le Christ en croix, de l'autre deux saints.
(Fond or.)

GOES (VAN DER).

53   Le Crucifiement. Ce panneau représente Jésus sur la   *520*
croix, accompagné de trois Anges voltigeant dans l'air;
au pied, la Madeleine, richement costumée, est coiffée
d'un turban ; près d'elle, sainte Anne pénétrée de dou-
leur, s'essuie les yeux avec le coin de son voile. Ta-
bleau riche de détails.

DU MÊME.

54   Le Bourreau venant de couper la tête de saint Jean,
la met dans un plat porté par Hérodiade ; elle a les
cheveux tressés tombant derrière.

GOLTZIUS (H.).

55   La Mort saisissant une Jeune Fille. Ce tableau porte
le monogramme de l'artiste.

GREUZE (Attribué à).

56   La Famille de Calas venant raconter ses malheurs à
M. de Voltaire dans la forêt de Ferney.

HEMMELING (Jean).

57   Le Mariage mystique de sainte Catherine d'Alexan-
drie. La Vierge est assise dans un paysage où l'on voit
saint Joseph et plusieurs petites Figures; de grands
arbres, des plantes et des fleurs de toutes espèces om-
bragent le sol. La mère du Christ a le front ceint d'un
bandeau riche et léger, par dessus lequel retombe un
voile diaphane; son visage d'une grande beauté ex-
prime à la fois la noblesse et la chasteté. Elle porte
une robe bleue dont le bas relevé laisse voir une ma-
gnifique fourrure; un manteau pourpre se drape par
dessus. L'Enfant Jésus debout sur les genoux de sa
Mère, passe un anneau d'or au doigt de sainte Cathe-
rine. Une couronne garnie de brillants orne le front de
celle-ci; elle a pour vêtement une robe de brocart
bordée d'hermine et un long manteau. Une mosaïque
de diverses couleurs forme le sol. A la gauche, sainte
Anne est occupée à lire dans un livre très riche; elle a
une coiffure de gaze et porte deux robes, l'une à fond
rose et vert dont on n'aperçoit que les manches, l'autre
d'un vert tendre descend sur la mosaïque. Ce tableau
a été exécuté par l'auteur, à la fin de sa carrière, de
1495 à 1499, époque où il a produit ses chefs d'œuvre.

HEMMELING (Jean).

1200

58   Anne de Blasère et sa Patronne. Sainte Anne est de-
bout devant un riche brocart. Anne de Blasère, la tête
couverte d'une couronne, tient dans ses bras son en-
fant. A peu de distance, une autre jeune femme implore
le Ciel, à côté d'un manuscrit ouvert. Anne porte un

manteau bleu avec une agrafe de diamant. L'or, les rubis et les perles sont prodigués dans les autres vêtements. Un joli Paysage dans lequel on voit la ville de Bruges, occupe le fond du tableau. Les armes des familles Blasère et Nieuwenhove décorent la bordure qui est contemporaine du tableau.

Une inscription en caractères ornés et en gothique flamand; la date exprimée par un chronogramme se détache en rouge parmi les autres lettres.

Inscription: De Nieuwenhove conjux domicella Johannis et Michaelis obit de Blasère, nata Johanna Anna sub M. C. quater X octo, sed excipi Cotani octobris quinta pace quiebat. Amen.

HEMSKERCK (Martin).

59   Communautés venant adorer le Christ qui est debout entre deux Évêques.

HEMSKERCK (Attribué à Martin).

60   La Femme adultère est escortée d'un grand nombre de Peuple; le Christ est sur le premier plan qui écrit: Que celui d'entre vous qui est sans péchés lui jette la pierre.

HEMMESSEN (Catherine de).

61   Portrait de Femme tenant d'une main un Chapelet, et de l'autre une fleur.

DU MÊME.

62   Portrait de Femme semblable au précédent.

2.

HOLBEIN (JEAN LE FILS).

03   Ce tableau représente trois épisodes de la vie de
saint-Quentin. Il porte la date de 1527. Dans un Tem-
ple richement orné on voit un pieux personnage impo-
sant la main à un Juif pour lui rendre la vue; une
femme s'avance appuyée sur des béquilles ; près de là
deux jeunes Garçons s'appuient contre une colonne,
des soldats occupent le fond de la scène. La seconde
division de ce tableau nous montre le Jugement de
saint Quentin où Rictiovare, préfet de Dioclétien dans
les Gaules, préside le Tribunal. Il est coiffé d'un turban
et vêtu d'un riche costume; il porte à la main un bâton
signe d'autorité. L'Accusateur public a l'air très satis-
fait ; près de lui se trouve un homme grave et réfléchi,
coiffé d'une toque ; plus loin un personnage paraît
troublé et se tient à l'écart : le saint est debout entre
deux soldats et répond avec calme et dignité à son in-
terrogateur. La troisième est peinte au revers du pan-
neau. C'est une scène où l'artiste a trop bien rendu la
vérité. Saint Quentin est attaché à un poteau, deux
exécuteurs, qui lui ont fixé quelques clous entre les
ongles et la chair, lui enfoncent à coups de marteau
des fers aigus dans les épaules. Le Saint meurt en
jetant un regard d'espérance vers le Ciel. Ce tableau
est de la première manière de ce maître.

DU MÊME.

04   Portrait de Femme vue à mi-corps. Elle se détache
sur un fond vert. Son costume est nuancé de noir et
garni d'une peluche admirable de finesse. Cette pein-
ture a été exécutée à Londres et nous rappelle la
seconde manière du maître.

DU MÊME.

65   Portrait d'Homme vêtu de noir et coiffé d'une toque   100
de même couleur ; il porte un pardessus d'une autre
couleur ; les deux mains sont appuyées sur l'épigastre.

HOLBEIN (JEAN).

66   Portrait d'une Dame, coiffée d'un bonnet dont les
pointes retombent sur les épaules ; elle porte un livre
d'Heures à la main ; un vêtement noir, une ceinture en
perles et une draperie jetée sur les bras, achève son
costume. Date de 1500.

HOLBEIN JEAN (Attribué à).

67   La Nativité. La Vierge adorant l'Enfant Jésus est ac-   205
compagnée par des Anges, qui font de la musique et
chantent les louanges du Seigneur. Portrait des Dona-
taires.

KALCKER (VAN).

68   Vénus couchée sur un lit de repos.

KUNTZ (CORNILLE).

69.   Les beaux ouvrages de cet habile maître ne se sont
presque jamais montrés dans aucune exposition ; il n'en
faut chercher d'autre cause que leur extrême rareté.
Celui que nous offrons aux amateurs représente le
Portement de Croix. Le Sauveur, exténué de fatigue,
est accablé par ses bourreaux ; un d'eux le tient par
les cheveux, est prêt à le frapper. Une masse de peuple
le suit ; il est précédé des saintes Femmes, saint Jean,

etc. On aperçoit, dans le lointain, des cavaliers qui montent au Calvaire, sur lequel on voit les trois Croix. Ce tableau capital est de la plus parfaite conservation ; il a été peint pour M. Van Sonevelt.

ROGER (de Bruges).

70   Le Mariage mystique de Sainte Catherine. Très beau tableau.

MABUSE (Jean de).

71   La Vierge tient l'Enfant Jésus sur ses genoux; Saint François Stigmate contemple le ciel. Morceau de tableau.

DU MÊME.

72   La Vierge et l'Enfant.

MANDYN (Jean).

73   Le Christ insulté par ses bourreaux.

RAPHAEL (d'Urbin).

74   Apollon et les Muses entourés de différents personnages. Ce tableau a toujours passé pour être de la première manière du maître. Première pensée du Parnasse.

MECKENEN (Israël Van).

75   Jésus porté au tombeau ; les deux hommes qui soutiennent le Christ ne sont pas du même âge, mais ils se ressemblent; l'un pourrait être le père et l'autre le fils.

EYCK (HUBERT VAN).

76 Sainte Catherine debout tient d'une main un livre, et   *460*
de l'autre une épée ; elle est vêtue d'un costume en
brocart d'or ; elle porte une couronne sur la tête. Près
d'elle est un instrument de torture ; le fond représente
un paysage.

MELEM.

77 Triptique. Le Christ mort est soutenu par la Vierge et   *520*
Saint Jean. Ils sont accompagnés par les saintes Fem-
mes, qui sont dans la douleur. Un autre personnage
porte la couronne d'épines. On aperçoit le Calvaire.
Un des volets représente la Résurrection , l'autre un
Calvaire. Sur les volets extérieurs , le portrait des Do-
nataires.

MELEM (VAN).

78 Portrait d'Homme vêtu de noir et coiffé d'une toque.
Il est remarquable par la couleur et la finesse de la
barbe.

MIERIS (GUILLAUME).

79 Intérieur d'un Musico hollandais. Un Jeune Homme   *160*
assis est endormi sur une table après avoir fait une co-
pieuse libation. Elle est couverte de différents acces-
soires finement touchés. Une Jeune Femme, cherchant
à le voler, fait signe à deux autres personnages qui se
trouvent dans le fond de la pièce de ne faire aucun
bruit.

MIRVELD

80 Portrait d'Homme, cuirasse damasquinée or, et colle-
rette.

MORALÈS (Surnommé le Divin).

81 Deux Portraits formant un dyptique. L'un représente
Charles-Quint et l'autre François Ier. Les œuvres de cet
artiste sont très rares dans ce genre, attendu qu'il ne
peignait ordinairement que des sujets religieux.

ORLAY (Van).

82 La Vierge tient l'Enfant Jésus sur ses genoux. Il donne
la bénédiction à un Ange qui lui apporte des fruits.
Tableau d'une grande finesse.

PATENIER (Joachim).

83 Paysage-marine, où l'on voit une Ferme, des Navires,
des Châteaux et des Gens qui se baignent; dans le coin
à droite, se trouve le signe du maître, qui est un
homme accroupi pour satisfaire un besoin.

PESELLO (Pesellino).

84 Deux Ecclésiastiques piochent la terre. D'un côté, on
voit des Cardinaux, de l'autre, des Évêques et d'autres
personnages. Une semence tombe du ciel, à travers de
laquelle on aperçoit la Vierge entourée d'anges.

PINTURICCHIO (Bernardin).

85 La Vierge tient l'Enfant Jésus qui a une pomme dans
la main gauche; de la droite, il semble donner la béné-
diction au petit Saint Jean qui est agenouillé. Plus
loin, on aperçoit divers épisodes de la vie du Christ.

PORBUS.

80 Portrait de Femme vue à mi-corps et richement cos-
tumée.

REMBRAND (Van Ryn).

87 Portrait d'un Mulâtre; il a un mouchoir sur la tête,
et au cou, un collier de perles. Tableau plein d'har-
monie.

SCHOOREL (Jos).

88 *Le Calvaire, triptique.* La Madeleine embrasse la
Croix; elle est vêtue d'une tunique en brocart d'or. La
Vierge tombe expirante entre les bras de saint Jean; du
côté opposé se trouvent des Cavaliers richement équipés
et cuirassés; un des volets représente le Portement de
Croix, l'autre la résurrection du Christ; les volets ex-
térieurs représentent la Vierge et l'Enfant, l'autre des
religieux agenouillés.

500

VALKEMBURG (Lucas et Martin Van).

89 Triptique fort petit. La peinture qui est sur parchemin
offre le double monogramme des deux frères, avec la
date de 1587, le milieu représente la Nativité. Un des
volets, la Présentation au Temple et l'autre la Circon-
cision. Les Figures sont si finement touchées qu'une
partie ne peut se voir qu'à la loupe.

DU MÊME.

90 Paysage dans lequel on voit des personnages très bi-
zarres et des Animaux de toutes espèces; il porte le
monogramme du Maître et la date de 1569.

210

DU MÊME.

91   Des Troupes furieuses qui se livrent bataille : il est daté de 1577.

VANDICK (ANTOINE).

92   Portrait d'homme vêtu de noir; il a une main sur le côté. Daté 1628.

VANNI (TURINO).

93   Un Evêque tenant de la main droite une Crosse et de l'autre un Livre. Fond or.

DU MÊME.

94   Un Evêque tenant un Livre. Fond or.

DU MÊME.

95   Une Sainte tenant d'une main un glaive et de l'autre une boule. Fond or.

Ces trois tableaux sont de même dimension et sur panneau très épais.

VERMEULEN.

96   Canal glacé aux abords d'une Ville, sur lequel on voit des Patineurs.

VÉRONÈSE (Attribué à PAUL).

97   Esquisse sur papier représentant l'Adoration des Mages.

VÉRONÈSE (D'après PAUL).

98   Jésus guérissant les Malades.

VERMEYEN (JEAN dit L'HOMME A LA GRANDE BARBE).

99   Tableau représentant la bataille de Pavie. Il a appartenu jadis à Marguerite d'Autriche, comme on peut le
voir dans l'inventaire dressé après sa mort.
Voir la Revue Archéologique du 15 avril 1850.   280

DU MÊME.

100   Combats de Cavalerie et d'Infanterie dans une plaine
entourée de tentes.   380

VOLFMUTT.

101   Saint Martin partageant son manteau, pour en donner
la moitié à un Pauvre.

VINCKEMBOOMS.

102   Fête dans l'Intérieur d'un Parc.

WÁLCH.

103   Portrait d'homme tenant un Chapelet à la main; il a
une toque et un vêtement noir.   255

WATTEAU (École de).

104   Réunion de Comédiens.

WILHELM.

105   Sainte Anne assise sur un Péristyle présente une poire
à l'enfant Jésus qui est sur les genoux de sa mère; d'un
côté Saint Joseph est appuyé sur un prie-dieu, de
l'autre se trouve le mari de Sainte Anne. Deux colonnes se détachent sur un fond de Paysage.

REMBRANDT.

106 Paysage orné de Figures d'Animaux et de Chaumiè-
res ; l'Eglise , que l'on aperçoit à gauche, est celle de
Leyerdop, près de Genève , sur les bords du Rhin ; le
Moulin, que l'on remarque au milieu du Tableau, était
exploité par le père de Rembrandt, et c'est là où est
né le grand coloriste.

MOLENAERT (KLAAS).

107 Effet d'Hiver, vue d'une Plaine dans laquelle on
aperçoit divers groupes de Figures.

ZURBARAN.

108 La Vierge entourée d'anges est adorée par un Moine
de l'ordre de Saint-François.

MEER (VAN DER).

109 Vue d'un Port de mer.

TOURNIÈRES.

110 Portrait équestre de Louis XV.

CHARPENTIER.

111 La Leçon de lecture. Charmant tableau.

BURGMAER (HANS).

112 La Vierge assise dans un Paysage tient son divin
Fils sur ses genoux. Près d'elle est un panier rempli
de fruits, aux pieds, un oiseau tient une cerise.

MAITRES INCONNUS.

113   Le Sauveur sur la Croix. A gauche on voit la Vierge
et saint Étienne ; à droite, saint Jean et saint François.
Ce dernier appuie la main sur l'épaule d'un évêque qui
est agenouillé devant un prie-Dieu aux armes des Pau-
cher. François Paucher fut évêque de Tours, les autres
saints personnages sont les patrons de ses deux frères,
Étienne et Jean et de sa sœur Marie Voyer.

114   Jeune Seigneur portant à une chaîne l'Ordre de la
Toison d'Or et son épouse ont les coudes appuyés sur
des coussins. Costume riche.

115   Portrait de Philippe-le-Bon, fils du roi Jean. Il est
coiffé d'un bonnet haut, et vu de profil.

116   Une Procession, parmi laquelle on voit l'Amour, les
yeux bandés et un arc à la main, il est monté sur un
sanglier.

117   Portrait d'homme coiffé d'une toque.

118   La Vierge adorant l'Enfant Jésus. Attribué au TITIEN.

119   Triptique sur fond or. Le milieu représente la Vierge
et l'Enfant ; un côté, Tobie et l'Ange ; l'autre, Saint
Jérôme, et le dehors, deux autres sujets de sainteté.

120   Deux Tableaux qui font pendants et qui proviennent
du château de Bourbon-l'Archambault. L'un représente

l'Adoration des Mages, l'autre l'Adoration des Bergers, principalement par la femme de Louis XI, laquelle est à genoux devant un Prie-Dieu. Derrière les Tableaux se trouvent les armes de France et de Savoie ; une branche de rosiers et une d'œuillets entremêlent leurs tiges.

121   Composition de six Figures représentant le retour d'une Noce. Un Jeune Seigneur donne la main à sa dame ; une Suivante tient une chandelle allumée ; un Homme, coiffé d'une toque, porte un pot de chaque main ; un autre un gigot dans un plat, et une femme derrière s'apprête à manger.

122   Tableau allégorique.

123   Portrait de Johannis, médecin.

124   Bénédiction de l'Agneau Pascal.

125   Portrait de Femme.

126   L'Adoration de la Croix.

127   Paysage avec Figures et Animaux.

128   Portrait de Femme enrichi de broderies.

129   Joseph et Putiphar.

ÉCOLE RUSSE.

130   Triptique. Le milieu représente la Mort de la Vierge ; les deux volets divers sujets de sainteté.

131   Un Saint tenant un Livre.

132 Deux Tableaux représentant divers sujets de l'Histoire
Sainte, de la p'us grande finesse.

133 Saint Nicolas, patron des enfants, des marins, des
prisonniers et de la Russie. Ce bienheureux protecteur
est placé au centre du tableau, bénissant à la manière
grecque ; il est entouré de seize compartiments, qui
représentent divers épisodes de sa vie.

ÉMAUX, MANUSCRITS, MINIATURES, BIJOUX ANCIENS
ET QUELQUES OBJETS DE CURIOSITÉS.

134 Un Émail. Saint Etienne lapidé.

135 Deux Émaux. Junon et son pendant.

136 Un Émail. La Cène ; de Penicaud de Limoges.

137 Idem. La Mort de la Vierge.

138 Idem. Une Coupe. Dans l'intérieur, la Vierge et
l'Enfant; par Arden de Limoges.

130 Idem. Un Martyr.

140 Saint Jean l'Évangéliste.

141 Un Coffret en aventurine.

142 Idem en argent avec émaux et pierreries.

143 Une Paire de Salières (en couleur et en or) connues
dans la Curiosité sous le nom de Salières de François I ;
les côtes à six pans, représentent les travaux d'Hercule,

les creux nous montrent les effigies de François I et de
ses deux femmes. Elles sont de Raymond (Pierre).

144   Deux Règles en ébène et en ivoire. Incrustation.

145   Trois Nécessaires. Couteaux et fourchettes dont les
manches sont en filigrane d'argent.

146   Une Miniature représentant le triomphe d'Henri IV.

147   Idem.   Louis XIII , avec attributs.

148   Une quantité de Miniatures sur vélin, ivoire et cui-
vre, représentant des Portraits historiques et des Sujets
saints.

149   Manuscrit: L'Office des Morts. Ce manuscrit a tou-
jours passé pour avoir appartenu à Charles VII. Voir
le Dictionnaire bibliographique, Histoire de Cailleau,
XVe siècle.

150   Heures exécutées pour Guillaume Duplessis, sei-
gneur de Liancourt, et pour Françoise de Ternag, sa
femme. On voit des écritures de la main des Liancourt,
ainsi que les portraits des Époux et leurs armoiries.
XVIe siècle.

151   Heures faites pour la famille Foulques de la Garde.
Ses armoiries sont dans l'ouvrage.

152   Missel de Léon X. Les chiffres et les armoiries du
Pape se trouvent au bas des miniatures. XVIe siècle.

153   Journal du bord des navires. Mars 1529.

154   Un Coffret en ébène, garni de cinq émaux.

155   Un Diptique garni de dix Emaux, représentant des sujets de la Passion et de la vie des Saints.

156   Bijoux anciens.

157   Un Volume. Cabinet Choiseull

158   Plusieurs Livraisons des Arts au moyen-âge et à la renaissance.

159   Plusieurs Histoires des Peintres.

160   Sous ce Numéro de division, il sera vendu plusieurs Tableaux, Gouaches, Bordures, etc.

Imp. de Mme De Lacombe rue d'Enghien, 44.